Impressum
Verlag: BABADADA GmbH, Nedderfeld 112 , 22529 Hamburg
Geschäftsführer / Verlagsleitung: Harald Hof
Druck: Books on Demand GmbH, In de Tarpen 42, 22848 Norderstedt

Imprint
Publisher: BABADADA GmbH, Nedderfeld 112 , 22529 Hamburg, Germany
Managing Director / Publishing direction: Harald Hof
Print: Books on Demand GmbH, In de Tarpen 42, 22848 Norderstedt

# escola

# l'école

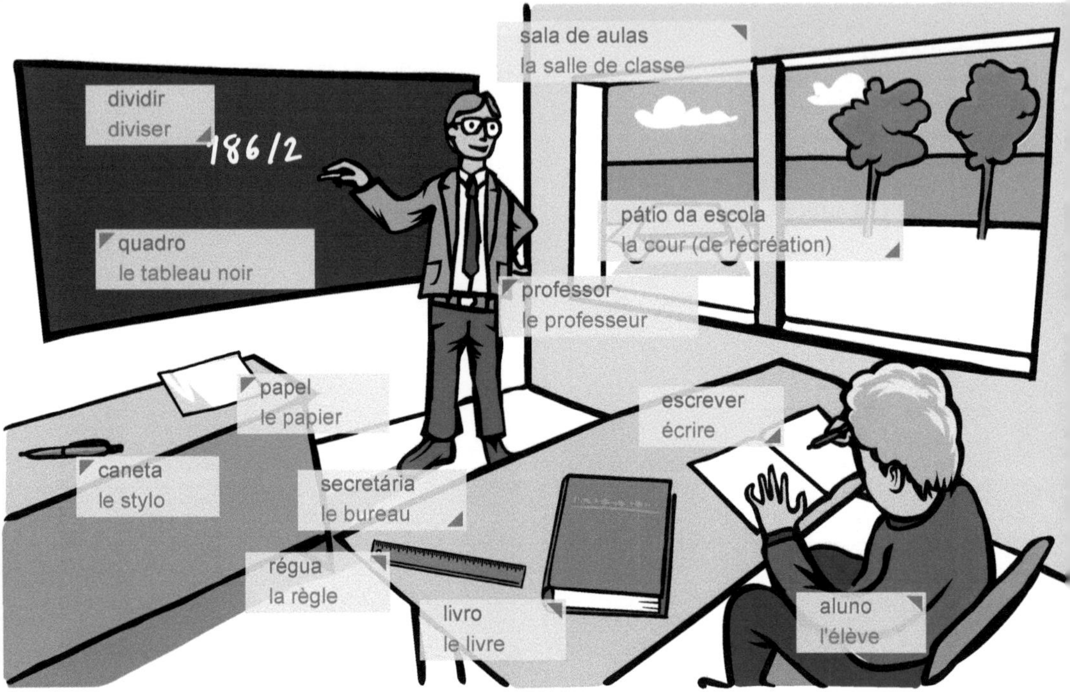

sala de aulas
la salle de classe
dividir
diviser
186/2
quadro
le tableau noir
pátio da escola
la cour (de récréation)
professor
le professeur
papel
le papier
escrever
écrire
caneta
le stylo
secretária
le bureau
régua
la règle
livro
le livre
aluno
l'élève


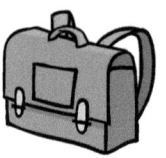

mochila

le cartable

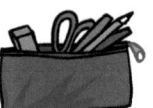

estojo de lápis

la trousse

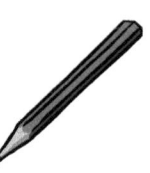

lápis

le crayon

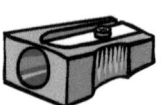

afia-lápis

le taille-crayon

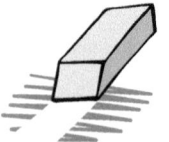

borracha

la gomme

bloco de desenho

le carnet à dessin

desenho

le dessin

pincel

le pinceau

caixa de tintas

la boîte de peinture

tesoura

les ciseaux

cola

la colle

livro de exercícios

le cahier d'exercices

trabalhos de casa

les devoirs

número

le chiffre

somar

additionner

subtrair

soustraire

multiplicar

multiplier

calcular

calculer

letra

la lettre

alfabeto

l'alphabet

palavra

le mot

texto

le texte

ler

lire

giz

la craie

hora

la leçon

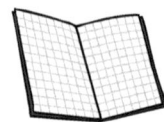

registo de presenças

le livre de classe

exame

l'examen

certificado

le certificat

uniforme escolar

l'uniforme scolaire

educação

la formation

enciclopédia

le lexique

universidade

l'université

microscópio

le microscope

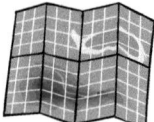

mapa

la carte

cesto de lixo

la corbeille à papier

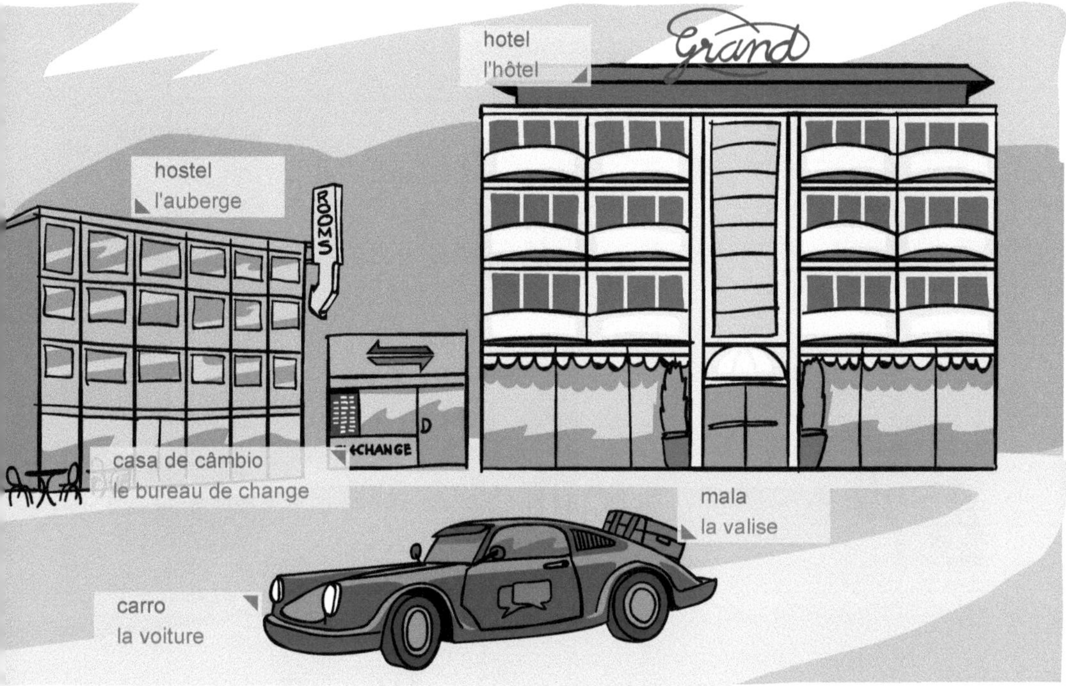

hotel
l'hôtel
Grand
hostel
l'auberge
ROOMS
casa de câmbio
le bureau de change
mala
la valise
carro
la voiture


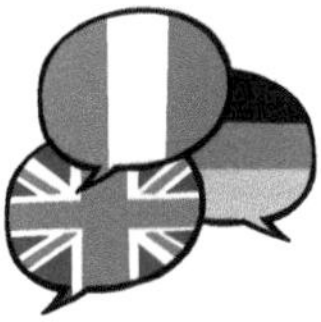

idioma

la langue

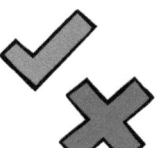

sim / não

oui / non

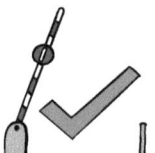

ok / certo / correto

d'accord

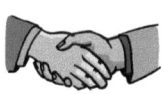

olá

Salut

intérprete

l'interprète

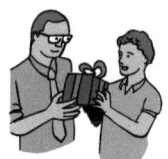

obrigado

merci

quanto é que custa... ?

Combien coûte...?

não entendo

Je ne comprends pas

problema

le problème

boa noite!

Bonsoir !

Bom dia!

Bonjour !

Boa noite!

Bonne nuit !

adeus

Au revoir

direção

la direction

bagagem

les bagages

saco

le sac

mochila

le sac-à-dos

convidado

l'hôte

quarto

la pièce

saco-cama

le sac de couchage

tenda

la tente

informação turística

l'office de tourisme

praia

la plage

cartão de crédito

la carte de crédit

pequeno-almoço

le petit-déjeuner

almoço

le déjeuner

jantar

le dîner

bilhete

le billet

elevador

l'ascenseur

selo postal

le timbre

fronteira

la frontière

alfândega

la douane

embaixada

l'ambassade

visto

le visa

passaporte

le passeport

# transporte

# le transport

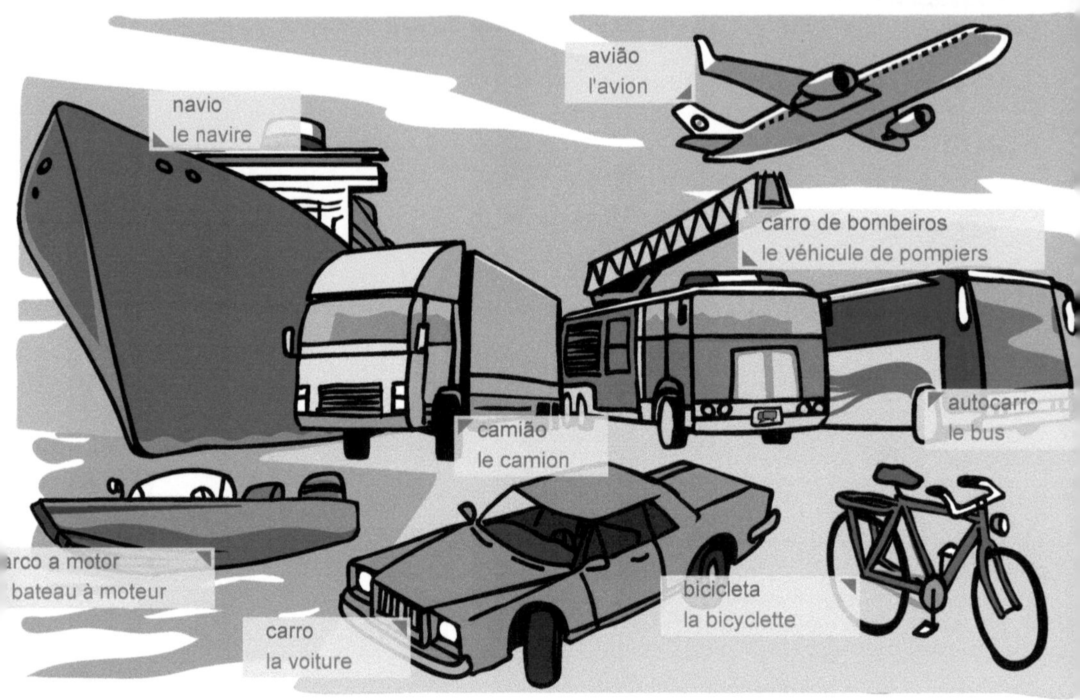
avião
l'avion
navio
le navire
carro de bombeiros
le véhicule de pompiers
autocarro
le bus
camião
le camion
rco a motor
bateau à moteur
bicicleta
la bicyclette
carro
la voiture

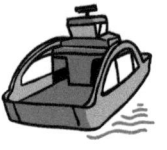

cacilheiro

le ferry

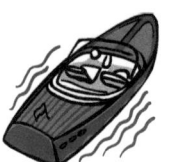

barco

la barque

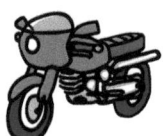

mota

la moto

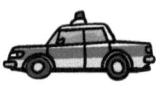

carro de polícia

la voiture de police

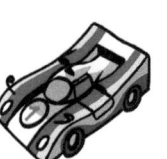

carro de corrida

la voiture de course

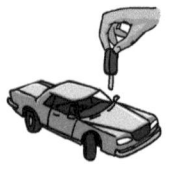

carro alugado

la voiture de location

carsharing

l'auto-partage

camião de reboque

la voiture de remorquage

camião do lixo

la benne à ordures

motor

le moteur

combustível

l'essence

estação de serviço

la station d'essence

sinal de trânsito

le panneau indicateur

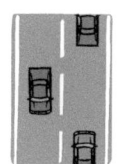

trânsito

le trafic

congestionamento de trânsito

l'embouteillage

parque de estacionamento

le parking

estação ferroviária

la gare

carris

les rails

comboio

le train

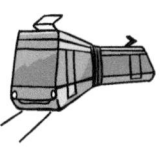

elétrico

le tramway

carruagem

le wagon

helicóptero

l'hélicoptère

aeroporto

l'aéroport

torre

la tour

passageiro

le passager

contentor

le conteneur

caixa de papelão

le carton

carrinho

le chariot

cesto

la corbeille

levantar voo / aterrar

décoller / atterrir

## cidade

## la ville

aldeia

le village

centro da cidade

le centre-ville

casa

la maison

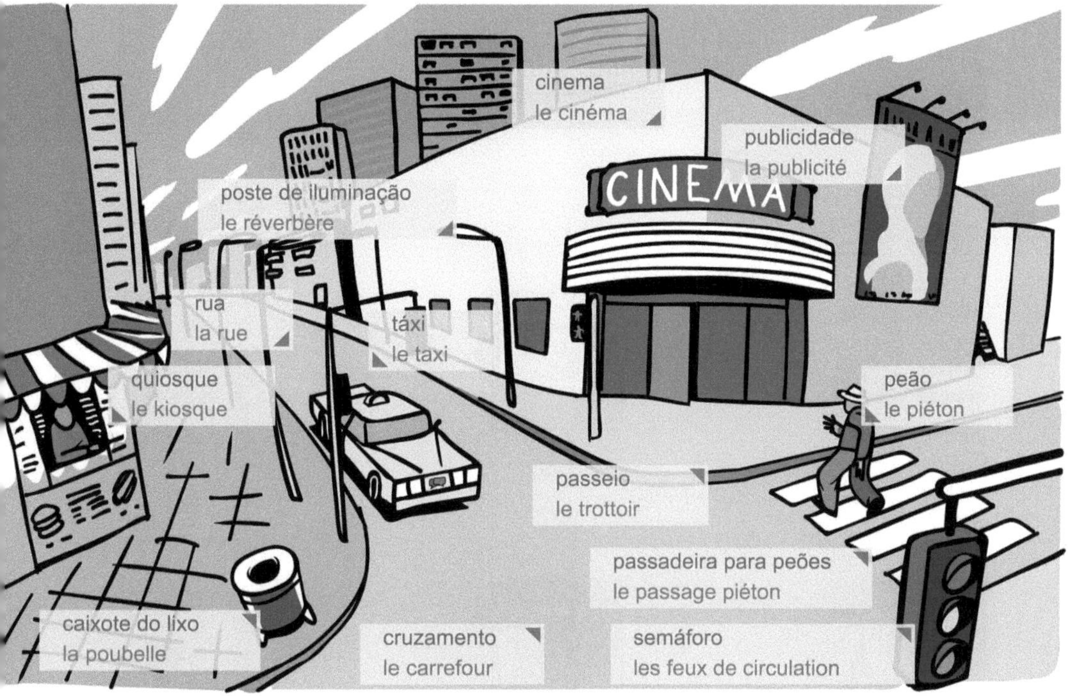
cinema
le cinéma
CINEMA
publicidade
la publicité
poste de iluminação
le réverbère
rua
la rue
táxi
le taxi
quiosque
le kiosque
peão
le piéton
passeio
le trottoir
passadeira para peões
le passage piéton
caixote do lixo
la poubelle
cruzamento
le carrefour
semáforo
les feux de circulation

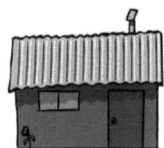

cabana

la cabane

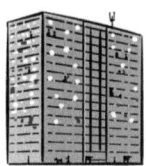

apartamento

l'appartement

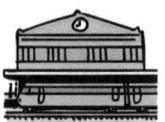

estação ferroviária

la gare

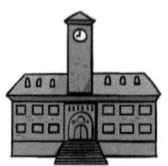

câmara municipal

la mairie

MUSEUM

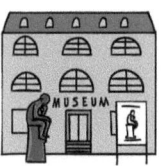

museu

le musée

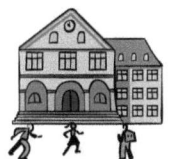

escola

l'école

universidade

l'université

banco

la banque

hospital

l'hôpital

hotel

l'hôtel

farmácia

la pharmacie

escritório

le bureau

livraria

la librairie

loja

le magasin

florista

le fleuriste

supermercado

le supermarché

mercado

le marché

loja de departamentos

le grand magasin

peixaria

la poissonnerie

centro comercial

le centre commercial

porto

le port

parque

le parc

banco

la banque

ponte

le pont

escadas

les escaliers

metro

le métro

túnel

le tunnel

paragem de autocarro

l'arrêt de bus

bar

le bar

restaurante

le restaurant

caixa de correio

la boîte à lettres

sinal de trânsito

le panneau indicateur

parquímetro

le parcmètre

jardim zoológico

le zoo

piscina

le réverbère

mesquita

la mosquée

quinta
la ferme

poluição
la pollution

cemitério
la cimetière

igreja
l'église

parque infantil
l'aire de jeux

templo
le temple

## paisagem

## le paysage

folha
la feuille

placa de sinalização
le panneau indicateur

caminho
le chemin

prado
le pré

pedra
la pierre

caminhantes
le randonneur

árvore
l'arbre

rio
la rivière

relva
l'herbe

flor
la fleur

vale

la vallée

montanha

la montagne

lago

le lac

floresta

la forêt

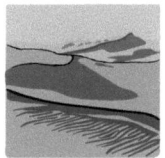

deserto

le désert

vulcão

le volcan

castelo

le château

arco-íris

l'arc-en-ciel

cogumelo

le champignon

palma

le palmier

mosquito

le moustique

mosca

la mouche

formiga

les fourmis

abelha

l'abeille

aranha

l'araignée

besouro

le coléoptère

sapo

la grenouille

esquilo

l'écureuil

ouriço

le hérisson

lebre

le lièvre

coruja

la chouette

pássaro

l'oiseau

cisne

le cygne

javali

le sanglier

veado

le cerf

alce

l'élan

barragem

le barrage

turbina eólica

l'éolienne

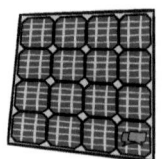

painel solar

le panneau solaire

clima

le climat

# restaurante
# le restaurant

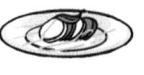

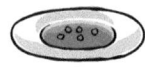

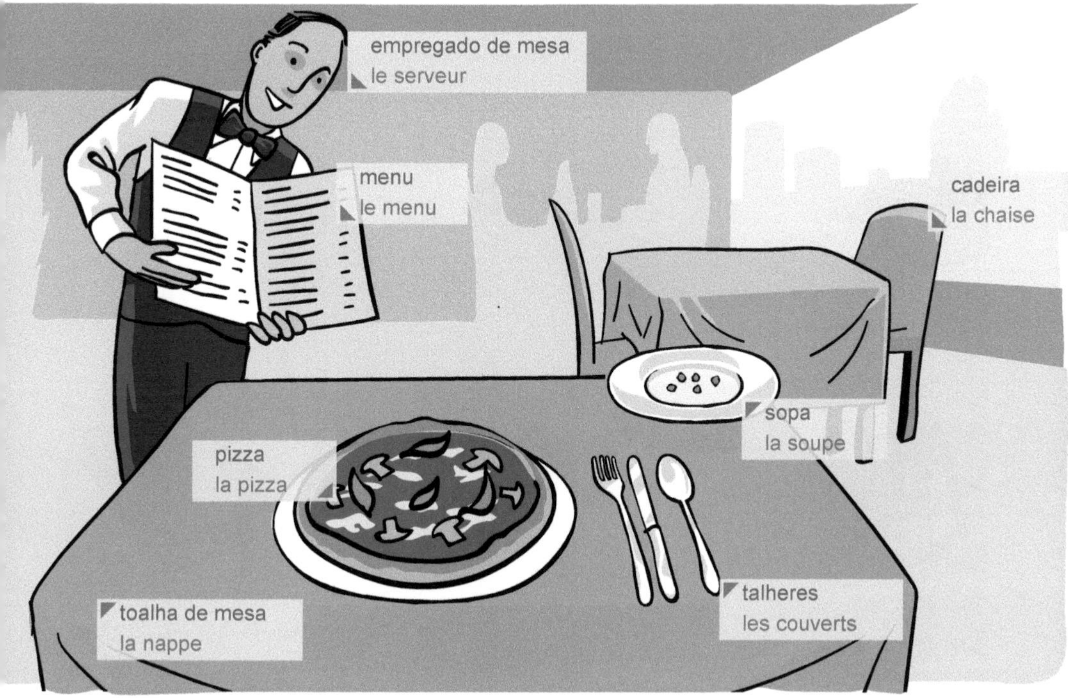
empregado de mesa
le serveur
menu
le menu
cadeira
la chaise
sopa
la soupe
pizza
la pizza
talheres
les couverts
toalha de mesa
la nappe

entrada

les hors d'œuvre

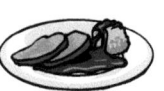

prato principal

le plat principal

sobremesa

le dessert

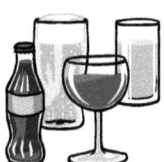

bebidas

les boissons

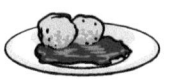

comida

l'alimentation

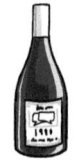

garrafa

la bouteille

fast food

le fast-food

comida de rua

les plats à emporter

bule de chá

la théière

açucareiro

le sucrier

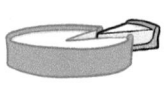

porção

la portion

máquina de café expresso

la machine à expresso

cadeira alta

la chaise haute

conta

la facture

bandeja

le plateau

faca

le couteau

garfo

la fourchette

colher

la cuillère

colher de chá

la cuillère à thé

guardanapo

la serviette

copo

le verre

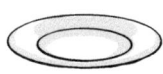

prato

l'assiette

prato de sopa

l'assiette à soupe

pires

la soucoupe

molho

la sauce

saleiro

la salière

moinho de pimenta

le moulin à poivre

vinagre

le vinaigre

óleo

l'huile

especiarias

les épices

ketchup

le ketchup

mostarda

la moutarde

maionese

la mayonnaise

# supermercado
# le supermarché

oferta especial
l'offre promotionnelle
FOR
cliente
le client
laticínios
les produits laitiers
fruta
les fruits
carrinho de compras
le chariot


BUTCHERS


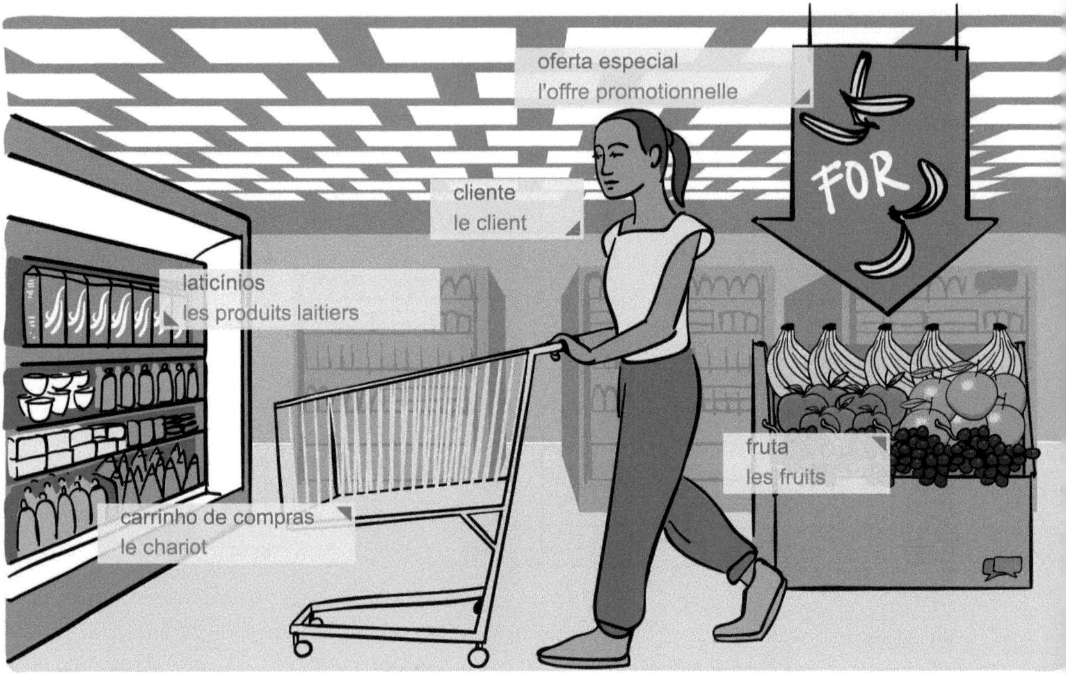

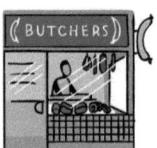

talho

la boucherie

BAKERY


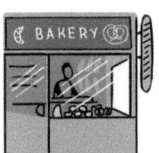

padaria

la boulangerie

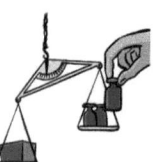

pesar

peser

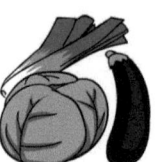

vegetais

les légumes

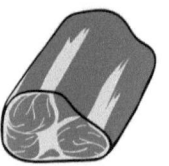

carne

la viande

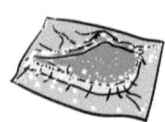

alimentos congelados

les aliments surgelés

charcutaria

la charcuterie

comida enlatada

les conserves

detergente em pó

la poudre à lessive

doces

les bonbons

artigos domésticos

les articles ménagers

produtos de limpeza

les détergents

vendedora

la vendeuse

caixa

la caisse

caixa

le caissier

lista de compras

la liste d'achats

horário de funcionamento

les heures d'ouverture

carteira

le portefeuille

cartão de crédito

la carte de crédit

saco

le sac

saco de plástico

le sac en plastique

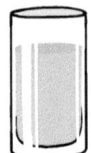

água

l'eau

sumo

le jus de fruit

leite

le lait

coca-cola

le coca

vinho

le vin

cerveja

la bière

álcool

l'alcool

cacau

le chocolat chaud

chá

le thé

café

le café

café expresso

l'expresso

capuccino

le cappuccino

banana
la banane

maçã
la pomme

laranja
l'orange

melão
le melon

limão
le citron.

cenoura
la carotte

alho
l'ail

bambu
le bambou

cebola
l'oignon

cogumelo
le champignon

nozes
les noisettes

talharim
les pâtes

esparguete

les spaghetti

arroz

le riz

salada

la salade

batatas fritas

les pommes frites

batatas fritas

les pommes de terre rôties

pizza

la pizza

hambúrguer

le hamburger

sanduíche

le sandwich

bife panado

l'escalope

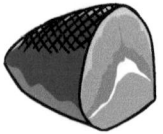

fiambre

le jambon

salame

le salami

salsicha

la saucisse

galinha

le poulet

assado

le rôti

peixe

le poisson

flocos de aveia

les flocons d'avoine

muesli

le muesli

flocos de milho

les cornflakes

farinha

la farine

croissant

le croissant

carcaça (pãozinho)

les petits-pains

pão

le pain

torrada

le pain grillé

biscoitos

les biscuits

manteiga

le beurre

requeijão

le fromage blanc

bolo

le gâteau

ovo

l'œuf

ovo estrelado

l'œuf au plat

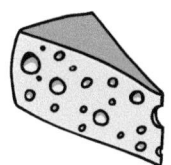

queijo

le fromage

gelado

la glace

açúcar

le sucre

mel

le miel

compota

la confiture

creme de nougat

la crème nougat

caril

le curry

comida - l'alimentation

# quinta
# la ferme

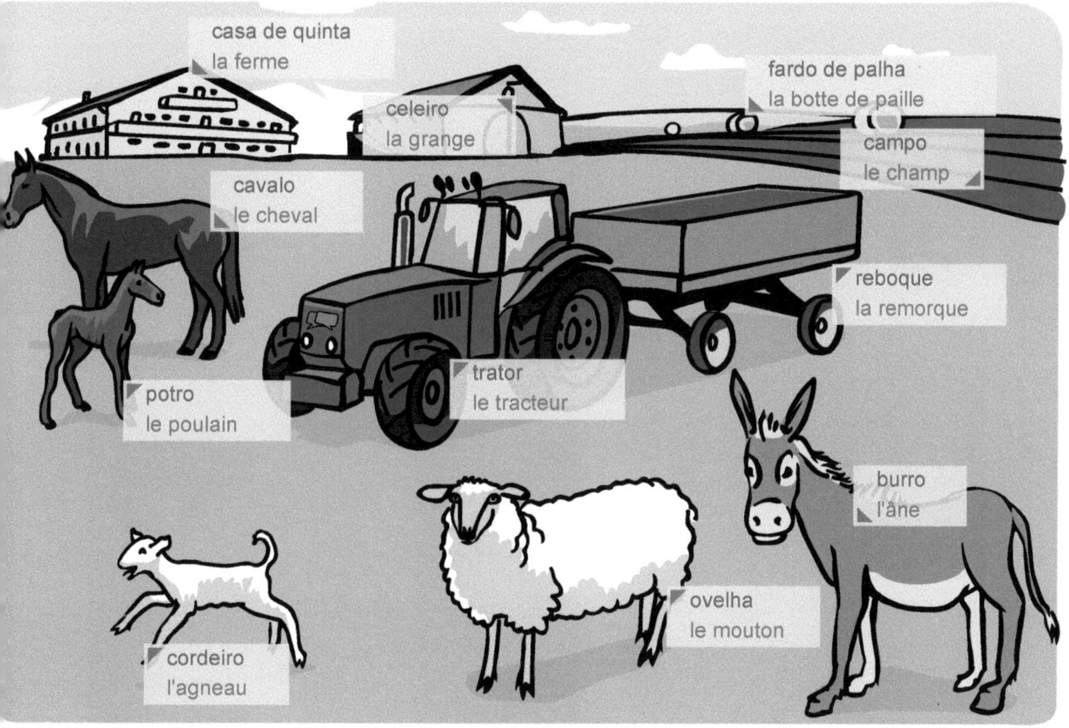

casa de quinta
la ferme
celeiro
la grange
fardo de palha
la botte de paille
campo
le champ
cavalo
le cheval
reboque
la remorque
trator
le tracteur
potro
le poulain
burro
l'âne
ovelha
le mouton
cordeiro
l'agneau


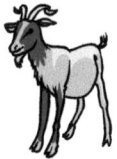

cabra
la chèvre

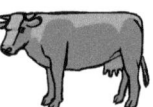

vaca
la vache

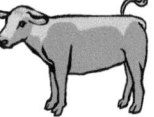

bezerro
le veau

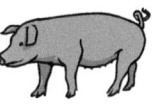

porco
le porc

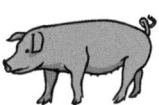

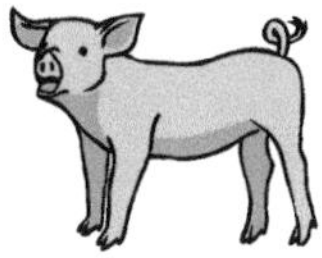

leitão
le porcelet

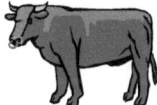

touro
le taureau

ganso

l'oie

pato

le canard

pintaínho

le poussin

galinha

la poule

galo

le coq

ratazana

le rat

gato

le chat

rato

la souris

boi

le bœuf

cão

le chien

casota

le chenil

mangueira de jardim

le tuyau de jardin

regador

l'arrosoir

foice

la faucheuse

arado

la charrue

foice

la faucille

enxada

la pioche

forquilha

la fourche

machado

la hache

carrinho de mão

la brouette

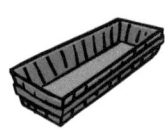

manjedoura

la cuve

jarro de leite

le pot à lait

saco

le sac

cerca

la clôture

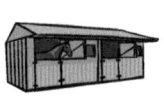

estábulo

l'étable

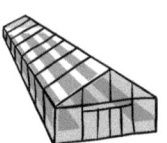

estufa

le serre

solo

le sol

semente

les semences

fertilizante

l'engrais

ceifeira-debulhadora

la moissonneuse-batteuse

colher
......................
récolter

colheita
......................
la récolte

inhame
......................
l'igname

trigo
......................
le blé

soja
......................
le soja

batata
......................
la pomme de terre

milho
......................
le maïs

colza
......................
le colza

árvore de fruto
......................
l'arbre fruitier

mandioca
......................
le manioc

cereais
......................
les céréales

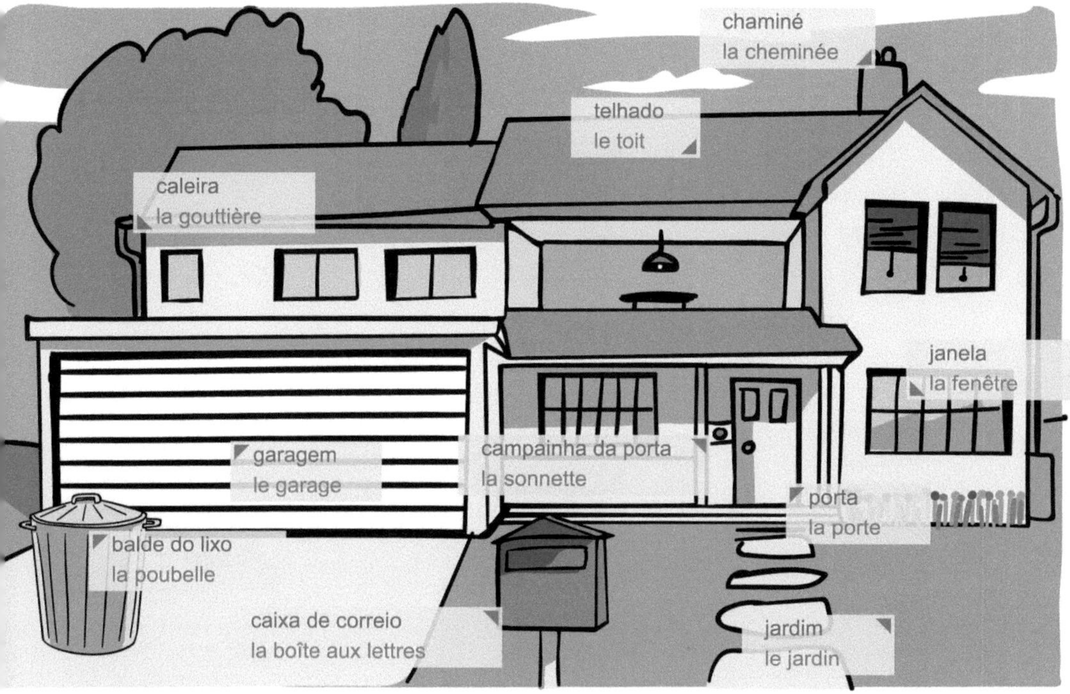

chaminé
la cheminée

telhado
le toit

caleira
la gouttière

janela
la fenêtre

garagem
le garage

campainha da porta
la sonnette

porta
la porte

balde do lixo
la poubelle

caixa de correio
la boîte aux lettres

jardim
le jardin

sala de estar

le salon

casa de banho

la salle de bain

cozinha

la cuisine

quarto de dormir

la chambre à coucher

quarto de criança

la chambre d'enfant

sala de jantar

la salle à manger

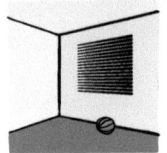

chão

le sol

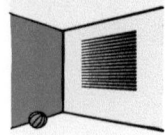

parede

le mur

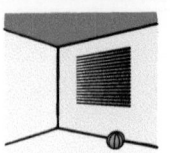

teto

le plafond

cave

la cave

sauna

le sauna

varanda

le balcon

terraço

la terrasse

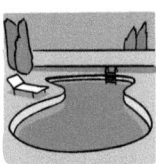

piscina

la piscine

máquina de cortar relvado

la tondeuse à gazon

lençol

la housse

cobertor

la couette

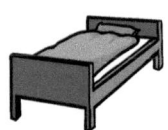

cama

le lit

vassoura

le balai

balde

le sceau

interruptor

l'interrupteur

# sala de estar

## le salon

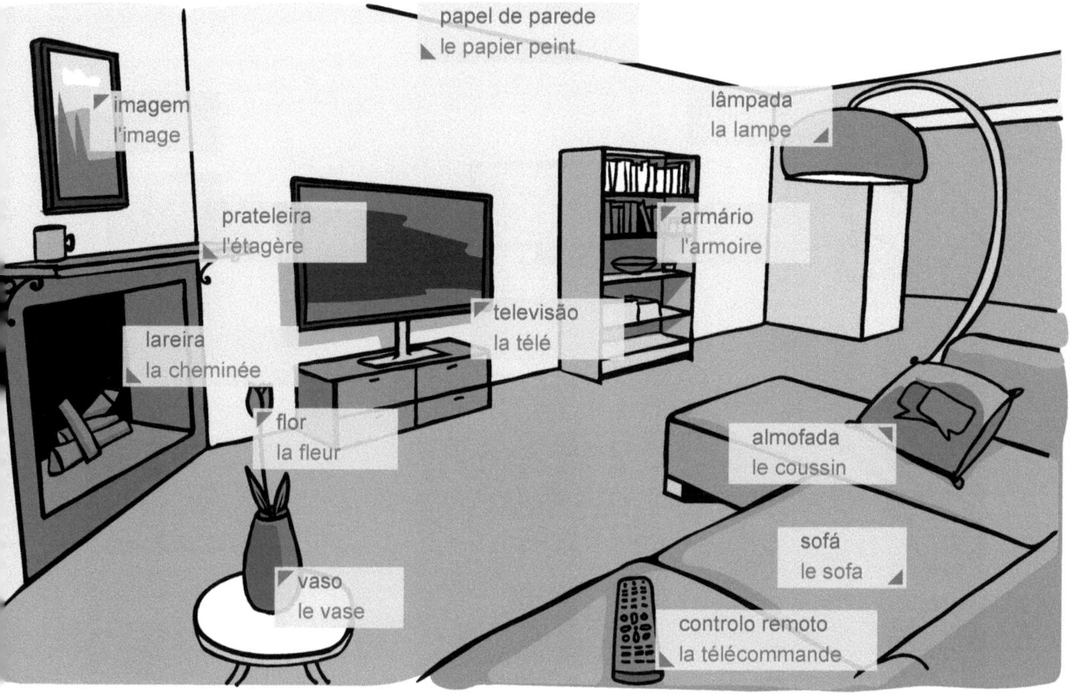
papel de parede
le papier peint
imagem
l'image
lâmpada
la lampe
prateleira
l'étagère
armário
l'armoire
televisão
la télé
lareira
la cheminée
flor
la fleur
almofada
le coussin
sofá
le sofa
vaso
le vase
controlo remoto
la télécommande

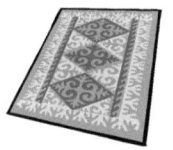

tapete
le tapis

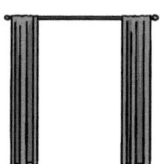

cortina
le rideau

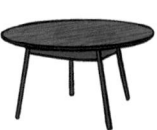

mesa
la table

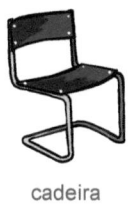

cadeira
la chaise

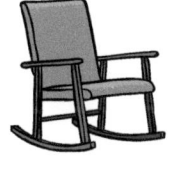

cadeira de baloiço
la chaise à bascule

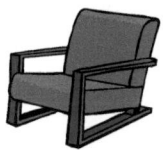

poltrona
le fauteuil

livro

le livre

cobertor

la couverture

decoração

la décoration

lenha

le bois de chauffage

filme

le film

sistema estéreo

la chaîne hi-fi

chave

la clé

jornal

le journal

pintura

la peinture

póster

le poster

rádio

la radio

bloco de notas

le bloc-notes

aspirador

l'aspirateur

cato

le cactus

vela

la bougie

# cozinha
# la cuisine

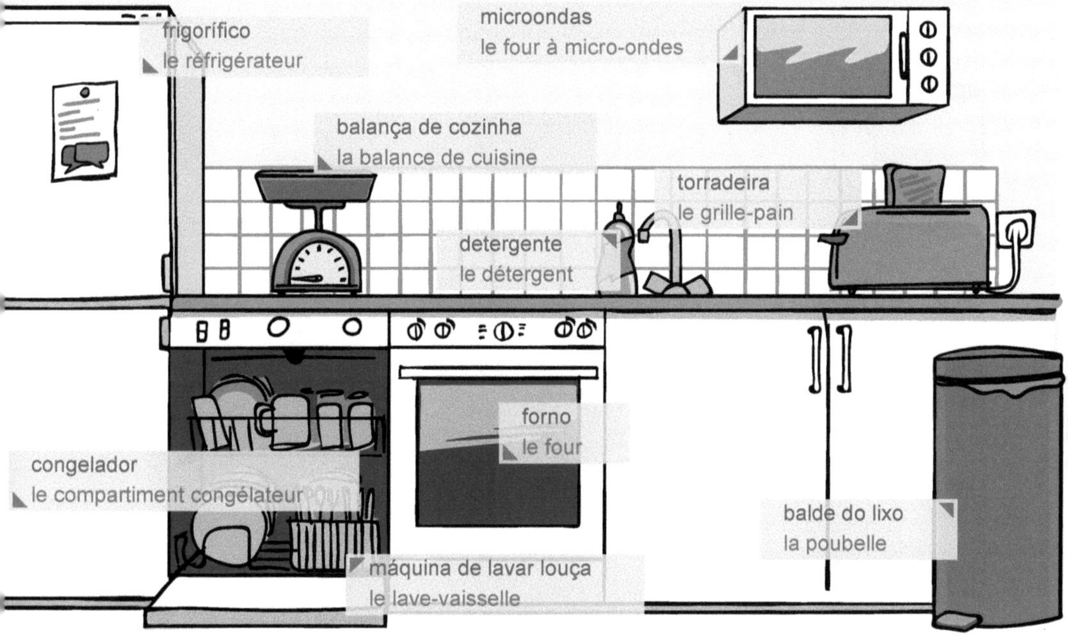
frigorífico
le réfrigérateur
microondas
le four à micro-ondes
balança de cozinha
la balance de cuisine
torradeira
le grille-pain
detergente
le détergent
forno
le four
congelador
le compartiment congélateur
balde do lixo
la poubelle
máquina de lavar louça
le lave-vaisselle

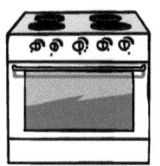

fogão

le four

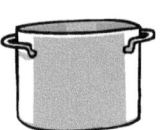

panela

la casserole

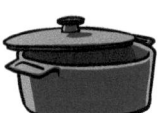

panela de ferro

la marmite

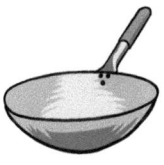

wok / kadai

le wok / kadai

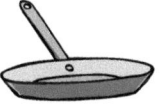

frigideira

la poêle

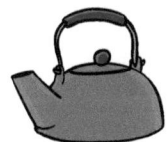

chaleira

la bouilloire electrique

panela a vapor

le cuiseur vapeur

tabuleiro de forno

la plaque de cuisson

louça

la vaisselle

caneca

le gobelet

tigela

la coupe

pauzinhos

les baguettes

concha de sopa

la louche

espátula

la spatule

batedor de claras

le fouet

escorredor

la passoire

peneira

le tamis

ralador

la râpe

almofariz

le mortier

churrasqueira

le barbecue

lareira

la cheminée

tábua de cortar

la planche à découper

rolo da massa

le rouleau à pâtisserie

saca-rolhas

le tire-bouchon

lata

la boîte

abridor de latas

l'ouvre-boîte

luvas de forno

les maniques

lava-loiça

le lavabo

escova

la brosse

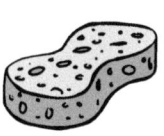

esponja

l'éponge

liquidificador

le mixeur

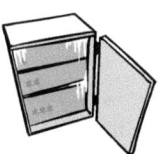

arca frigorífica

le congélateur

biberão

le biberon

torneira

le robinet

# casa de banho

# la salle de bain

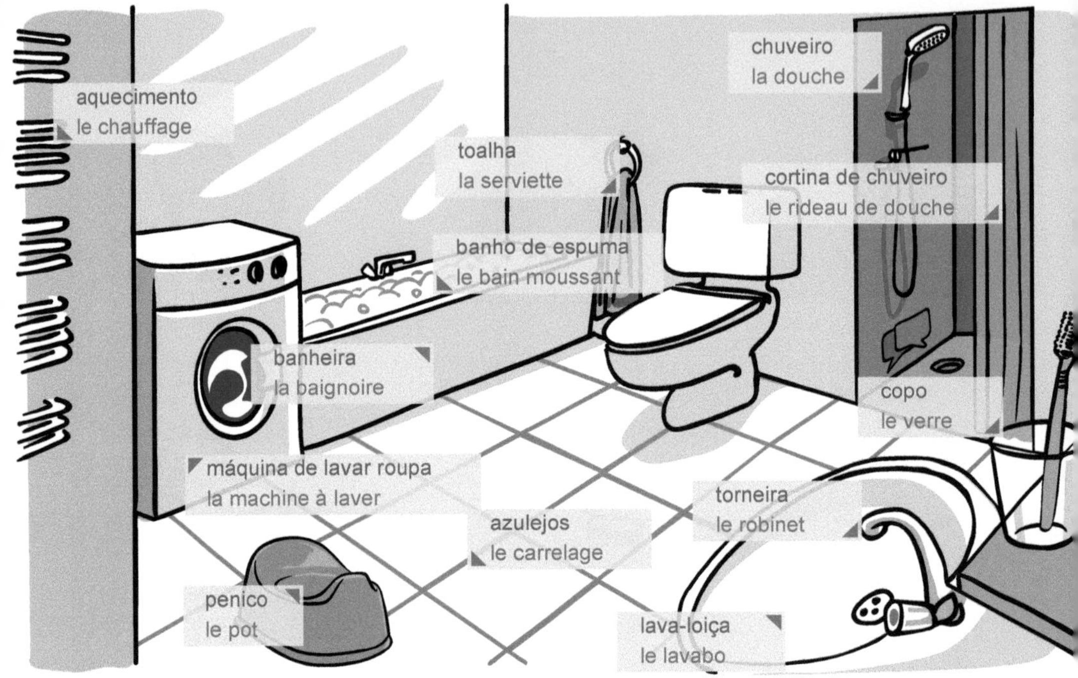

chuveiro
la douche
aquecimento
le chauffage
toalha
la serviette
cortina de chuveiro
le rideau de douche
banho de espuma
le bain moussant
banheira
la baignoire
copo
le verre
máquina de lavar roupa
la machine à laver
torneira
le robinet
azulejos
le carrelage
penico
le pot
lava-loiça
le lavabo


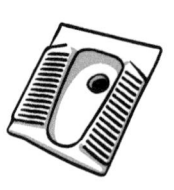

sanita

les toilettes

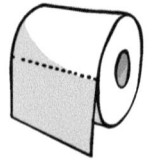

retrete turca

la toilette à la turque

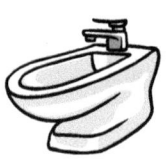

bidé

le bidet

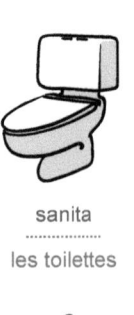

urinol

l'urinoir

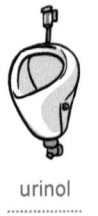

papel higiénico

le papier toilette

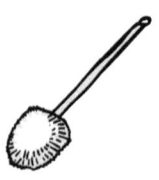

piaçaba

la brosse à toilette

escova de dentes

la brosse à dents

pasta de dentes

le dentifrice

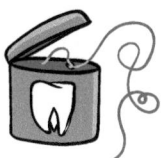

fio dentário

le fil dentaire

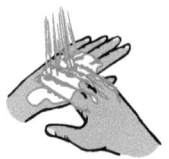

lavar

laver

chuveiro de mão

la douche manuelle

duche íntimo

la douche intime

bacia

la vasque

escova para as costas

la brosse dorsale

sabonete

le savon

gel de banho

le gel douche

champô

le shampooing

toalha de rosto

le gant de toilette

escoamento

l'écoulement

creme

la crème

desodorizante

le déodorant

espelho

le miroir

espelho de mão

le miroir cosmétique

máquina de barbear

le rasoir

creme de barbear

la mousse à raser

loção pós-barba

l'après-rasage

pente

la peigne

escova

la brosse

secador de cabelo

le sèche-cheveux

spray de cabelo

la laque pour cheveux

maquilhagem

le fond de teint

batom

le rouge à lèvres

verniz de unhas

le vernis à ongles

algodão

l'ouate

tesoura para unhas

le coupe-ongles

perfume

le parfum

nécessaire

la trousse de toilette

tamborete

le tabouret

balança

le pèse-personne

roupão de banho

le peignoir

luvas de borracha

les gants de nettoyage

tampão

le tampon

penso higiénico

les serviettes hygiéniques

WC químico

la toilette chimique

# quarto de criança
# la chambre d'enfant

despertador
le réveil
peluche
le doudou
carro de brincar
la voiture jouet
chocalho
le hochet
casa de bonecas
la maison de poupée
presente
le cadeau

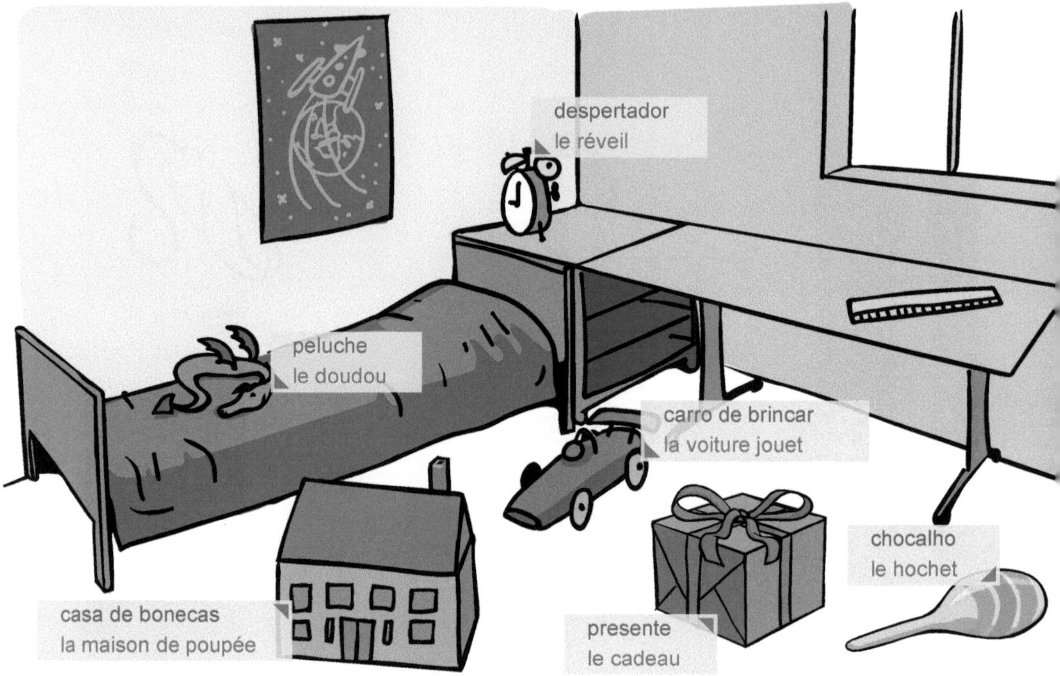

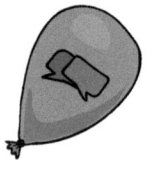

balão

le ballon

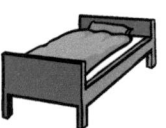

cama

le lit

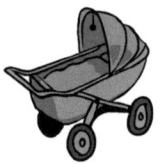

carrinho de bebé

la poussette

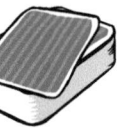

jogo de cartas

le jeu de cartes

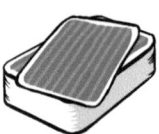

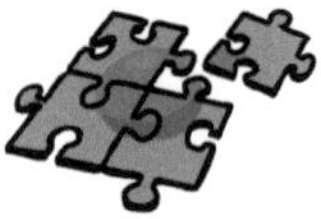

quebra-cabeças

le puzzle

SUPER MEGA

banda desenhada

la bande dessinée

peças de Lego

les pièces lego

blocos de construção

les blocs de construction

figura de ação

la figurine

fato de bebé

la grenouillère

Frisbee

le frisbee

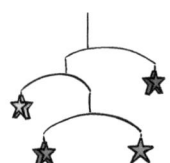

móbile para bebé

le mobile

jogo de tabuleiro

le jeu de société

dados

le dé

pista de comboio elétrico

le train miniature

chupeta

la sucette

festa

la fête

livro ilustrado

le livre d'images

bola

la balle

boneca

la poupée

jogar

jouer

caixa de areia

le bac à sable

baloiço

la balançoire

brinquedos

les jouets

consola de jogos

la console de jeu

triciclo

le tricycle

ursinho de peluche

l'ours en peluche

guarda-roupa

l'armoire

# vestuário

## les vêtements

meias

les chaussettes

meias pelo joelho

les bas

meias-calças

le collant

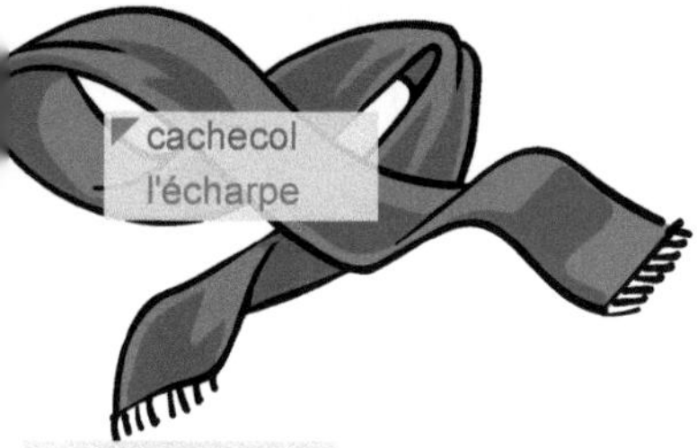

cachecol
l'écharpe

guarda-chuva
le parapluie

cinto
la ceinture

t-shirt
le t-shirt

sapatilhas
les baskets

botas
les bottes

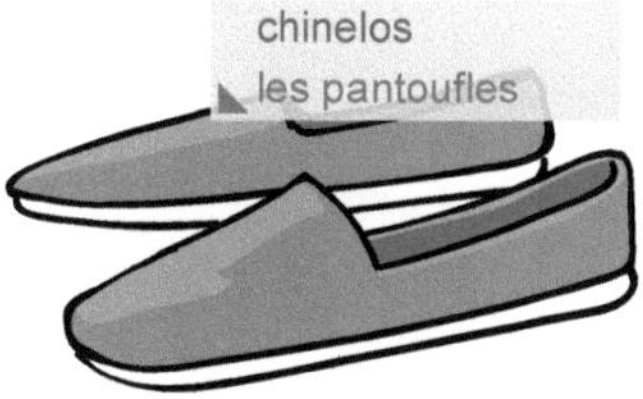

chinelos
les pantoufles

sandálias
les sandales

sapatos
les chaussures

botas de borracha
les bottes de caoutchouc

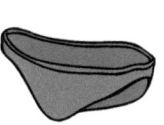

cuecas
les sous-vêtements

sutiã
le soutien-gorge

camisola interior
le maillot de corps

body

le body

calças

le pantalon

calças de ganga

le jean

saia

la jupe

blusa

le chemisier

camisa

la chemise

pulôver

le pull

camisola com capuz

le sweat à capuche

blazer

la veste

casaco

la veste

manto

le manteau

gabardina

l'imperméable

traje

le costume

vestido

la robe

vestido de casamento

la robe de mariée

fato
le costume

camisa de dormir
la chemise de nuit

pijama
le pyjama

sari
le sari

lenço de cabeça
le foulard

turbante
le turban

burca
la burqa

cafetã
le caftan

abaya
l'abaya

fato de banho
le maillot de bain

calções de banho
le maillot de bain

calções
le short

fato de treino
la tenue d'entraînement

avental
le tablier

luvas
les gants

botão

le bouton

óculos

les lunettes

pulseira

le bracelet

colar

le collier

anel

la bague

brinco

la boucle d'oreille

boné

le bonnet

cabide

le cintre

chapéu

le chapeau

gravata

la cravate

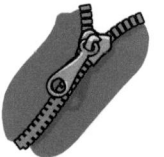

fecho de correr

la fermeture éclair

capacete

le casque

suspensórios

les bretelles

uniforme escolar

l'uniforme scolaire

uniforme

l'uniforme

babete

le bavoir

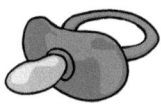

chupeta

la sucette

fralda

la lange

# escritório
# le bureau

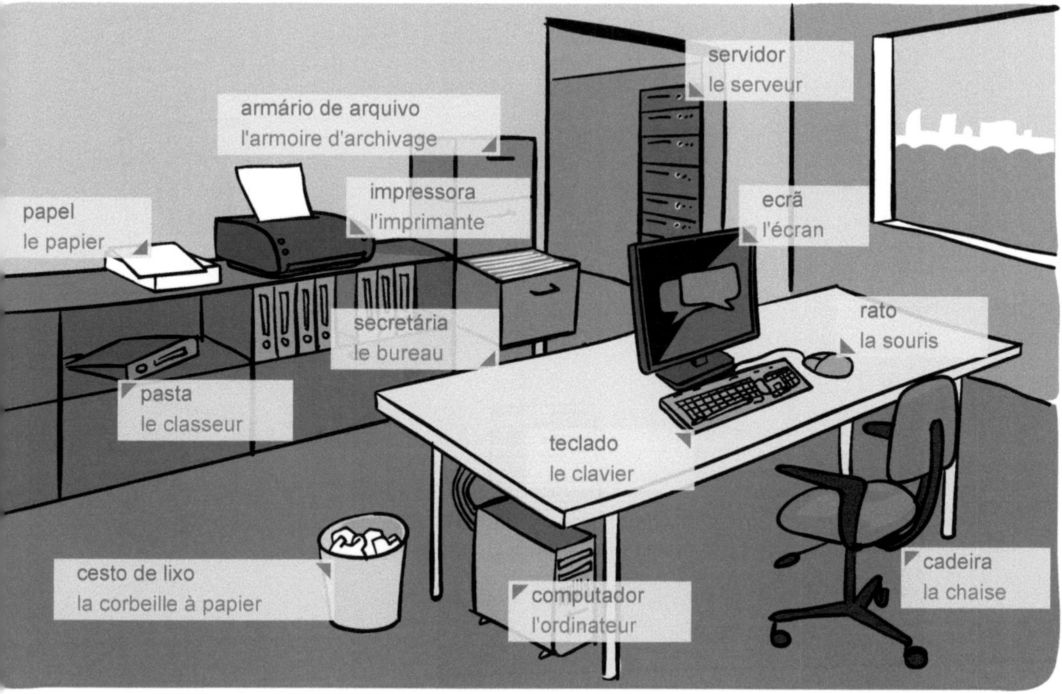

servidor
le serveur

armário de arquivo
l'armoire d'archivage

impressora
l'imprimante

ecrã
l'écran

papel
le papier

secretária
le bureau

rato
la souris

pasta
le classeur

teclado
le clavier

cesto de lixo
la corbeille à papier

computador
l'ordinateur

cadeira
la chaise

caneca de café

la tasse de café

calculadora

la calculatrice

internet

l'internet

computador portátil

l'ordinateur portable

carta

la lettre

mensagem

le message

telemóvel

le portable

rede

le réseau

fotocopiadora

la photocopieuse

software

le logiciel

telefone

le téléphone

tomada elétrica

la prise

fax

le fax

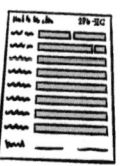

formulário

le formulaire

documento

le document

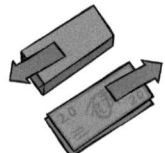

comprar
.................
acheter

pagar
.................
payer

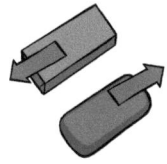

negociar
.................
faire du commerce

dinheiro
.................
la monnaie

dólar
.................
le dollar

euro
.................
l'euro

yen
.................
le yen

rublo
.................
le rouble

franco suíço
.................
le franc suisse

renminbi yuan
.................
le renminbi yuan

rupia
.................
la roupie

caixa de multibanco
.................
le distributeur automatique

casa de câmbio

le bureau de change

ouro

l'or

prata

l'argent

petróleo

le pétrole

energia

l'énergie

preço

le prix

contrato

le contrat

imposto

la taxe

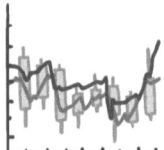

ação

l'action

trabalhar

travailler

empregado

l'employé

entidade patronal

l'employeur

fábrica

l'usine

loja

le magasin

# profissões
# les professions

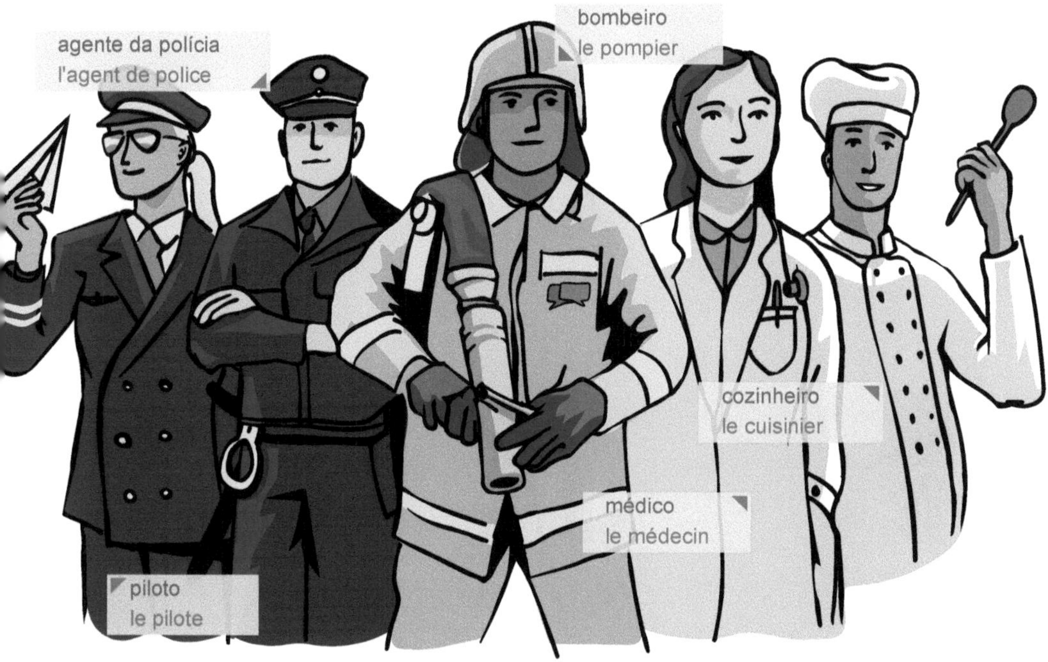

agente da polícia
l'agent de police
bombeiro
le pompier
cozinheiro
le cuisinier
médico
le médecin
piloto
le pilote

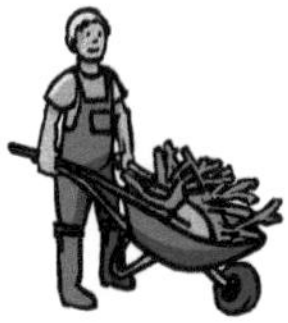

jardineiro

le jardinier

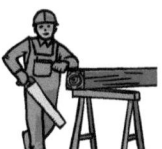

carpinteiro

le menuisier

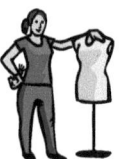

costureira

la couturière

juiz

le juge

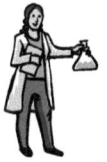

químico

le chimiste

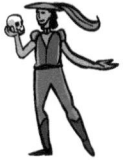

ator

l'acteur

**motorista de autocarro**

le conducteur de bus

**motorista de táxi**

le chauffeur de taxi

**pescador**

le pêcheur

**empregada de limpeza**

la femme de ménage

**telhador**

le couvreur

**empregado de mesa**

le serveur

**caçador**

le chasseur

**pintor**

le peintre

**padeiro**

le boulanger

**eletricista**

l'électricien

**construtor**

l'ouvrier

**engenheiro**

l'ingénieur

**talhante**

le boucher

**canalizador**

le plombier

**carteiro**

le facteur

soldado

le soldat

arquiteto

l'architecte

caixa

le caissier

florista

le fleuriste

cabeleireiro

le coiffeur

controlador de bilhetes

le contrôleur

mecânico

le mécanicien

capitão

le capitaine

dentista

le dentiste

cientista

le scientifique

rabino

le rabbin

imã

l'imam

monge

le moine

pastor

le prêtre

# ferramentas

## les outils

martelo
le marteau
alicate
les pinces
chave de fendas
le tournevis
chave inglesa
la clé
lanterna
la torche

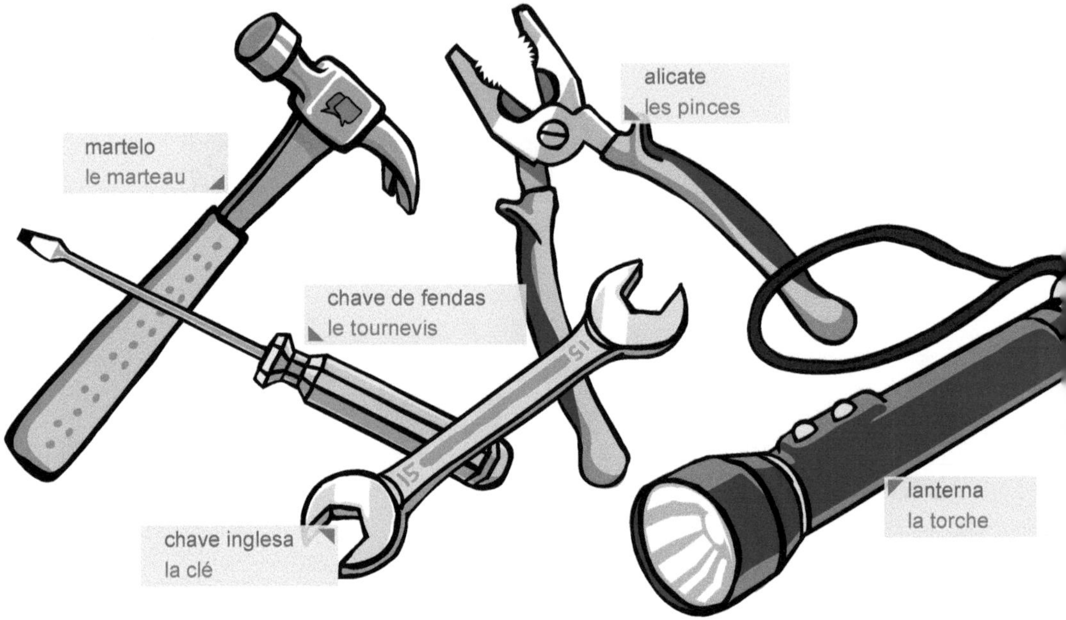

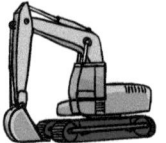

escavadora

la pelleteuse

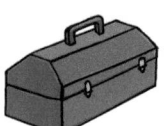

caixa de ferramentas

la boîte à outils

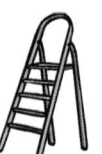

escadote

l'échelle

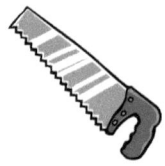

serra

la scie

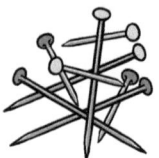

pregos

les clous

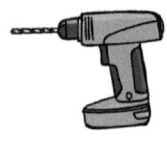

broca

la perceuse

reparar
réparer

pá
la pelle

porcaria!
Mince !

pá de lixo
la pelle

pote de tinta
le pot de peinture

parafusos
les vis

## instrumentos musicais
## les instruments de musique

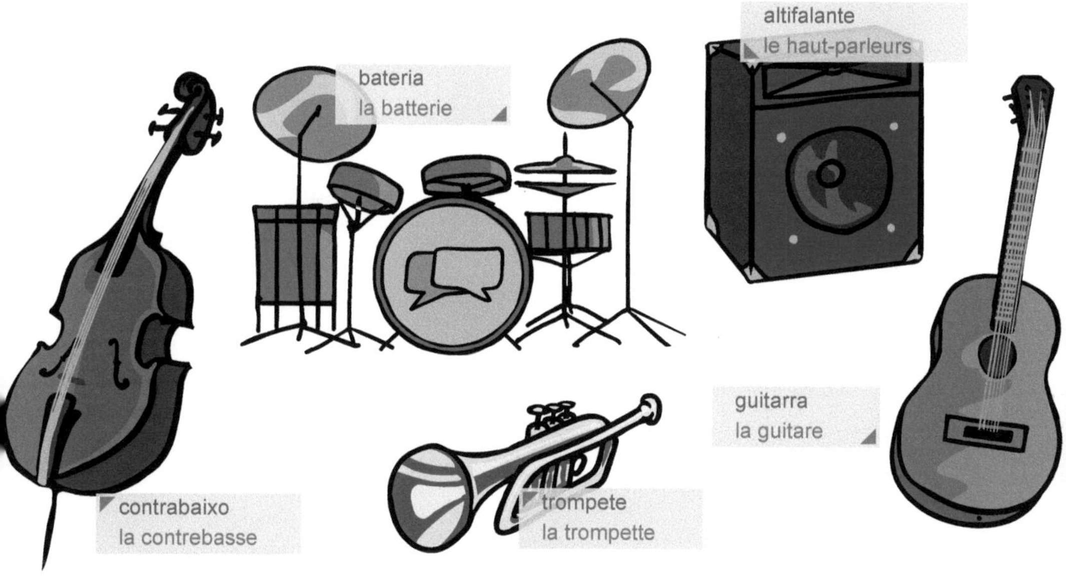

altifalante
le haut-parleurs

bateria
la batterie

guitarra
la guitare

contrabaixo
la contrebasse

trompete
la trompette

**piano**

le piano

**violino**

le violon

**baixo**

la basse

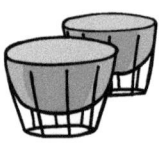

**timbales**

les timbales

**tambor**

le tambour

**teclado**

le piano électrique

**saxofone**

le saxophone

**flauta**

la flûte

**microfone**

le microphone

# jardim zoológico

## le zoo

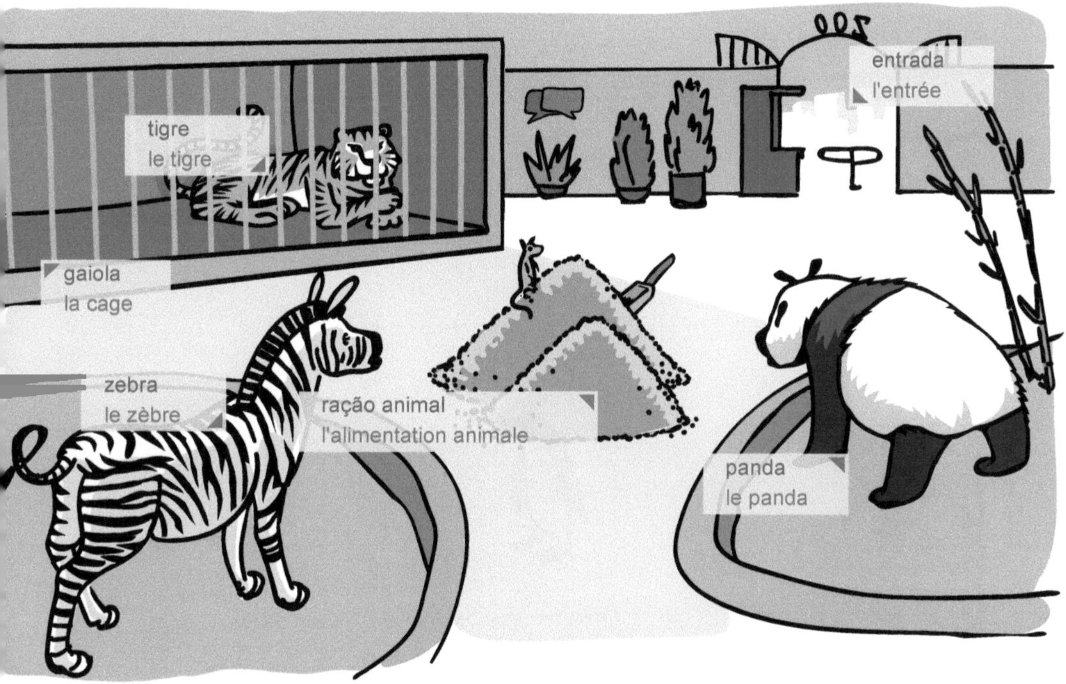
tigre
le tigre
entrada
l'entrée
gaiola
la cage
zebra
le zèbre
ração animal
l'alimentation animale
panda
le panda

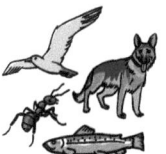

animais

les animaux

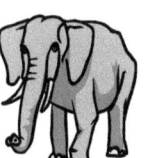

elefante

l'éléphant

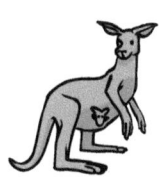

canguru

le kangourou

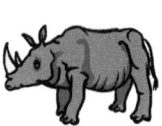

rinoceronte

le rhinocéros

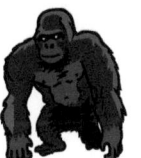

gorila

le gorille

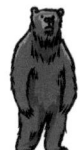

urso

l'ours

camelo

le chameau

avestruz

l'autruche

leão

le lion

macaco

le singe

flamingo

le flamand rose

papagaio

le perroquet

urso polar

l'ours polaire

pinguim

le pingouin

tubarão

le requin

pavão

le paon

cobra

le serpent

crocodilo

le crocodile

guarda do jardim zoológico

le gardien de zoo

foca

le phoque

jaguar

le jaguar

pónei

le poney

leopardo

le léopard

hipopótamo

l'hippopotame

girafa

la girafe

águia

l'aigle

javali

le sanglier

peixe

le poisson

tartaruga

la tortue

morsa

le morse

raposa

le renard

gazela

la gazelle

futebol americano
l'american Football

ciclismo
le cyclisme

ténis
le tennis

basquetebol
le basket-ball

natação
la natation

boxe
la boxe

hóquei no gelo
le hockey sur glace

futebol
le football

badminton
le badminton

atletismo
l'athlétisme

andebol
le handball

esqui
le ski

polo
le polo

# atividades
## les activités

saltar
sauter
abraçar
embrasser
rir
rire
andar
marcher
cantar
chanter
sonhar
rêver
rezar
prier
beijar
faire la bise

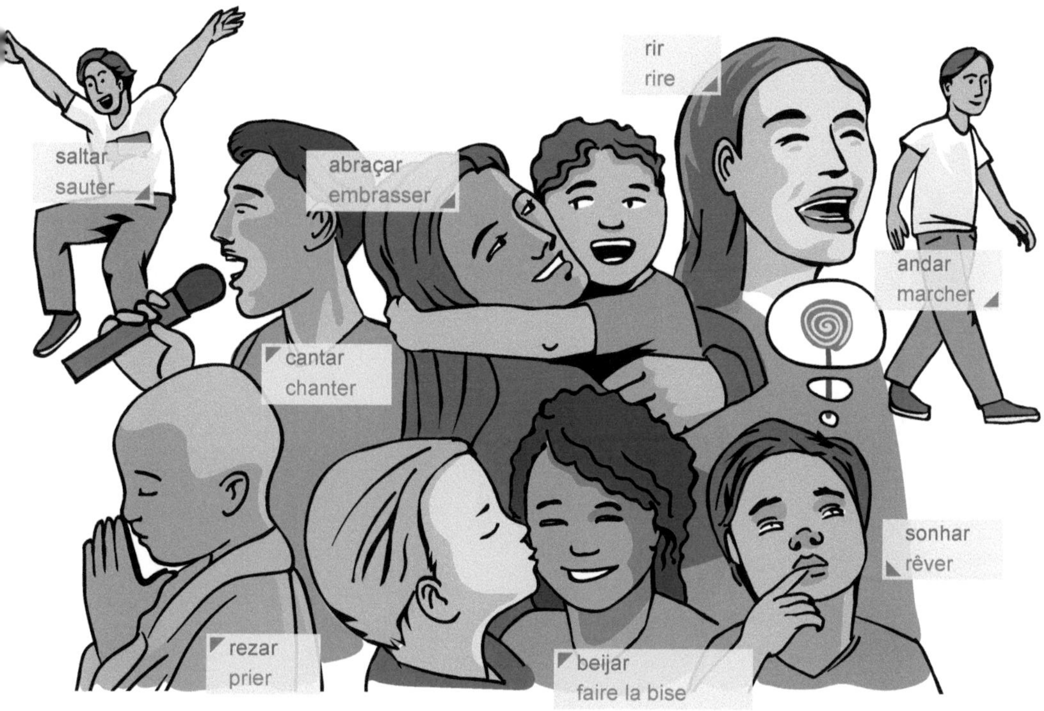

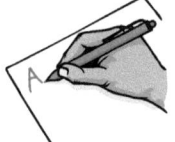

escrever

écrire

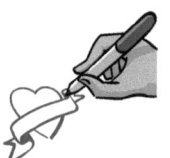

desenhar

dessiner

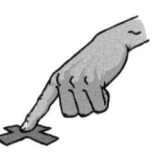

mostrar

montrer

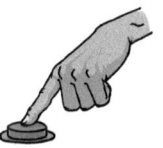

empurrar

pousser

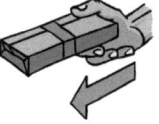

dar

donner

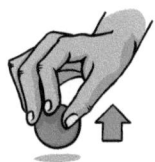

tomar

prendre

ter

avoir

fazer

faire

ser

être

ficar de pé

être debout

correr

courir

puxar

trier

remessar

jeter

cair

tomber

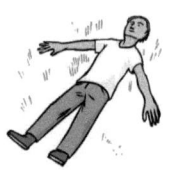

deitar

être couché

esperar

attendre

carregar

porter

sentar

être assis

vestir

s'habiller

dormir

dormir

acordar

se réveiller

olhar para

regarder

chorar

pleurer

acariciar

caresser

pentear

peigner

falar

parler

compreender

comprendre

perguntar

demander

ouvir

écouter

beber

boire

comer

manger

arrumar

ranger

amar

aimer

cozinhar

cuire

conduzir

conduire

voar

voler

atividades - les activités

velejar

faire de la voile

calcular

calculer

ler

lire

aprender

apprendre

trabalhar

travailler

casar

se marier

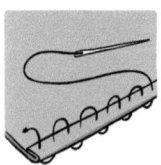

costurar

coudre

escovar os dentes

brosser les dents

matar

tuer

fumar

fumer

enviar

envoyer

atividades - les activités

avó
a grand-mère

avô
le grand-père

pai
le père

mãe
la mère

bebé
le bébé

filha
la fille

filho
le fils

convidado

l'hôte

tia

la tante

tio

l'oncle

irmão

le frère

irmã

la sœur

# corpo
# le corps

testa
le front
olho
l'œil
ombro
l'épaule
dedo
le doigt
cara
le visage
queixo
le menton
mão
la main
perna
la jambe
peito
la poitrine
braço
le bras

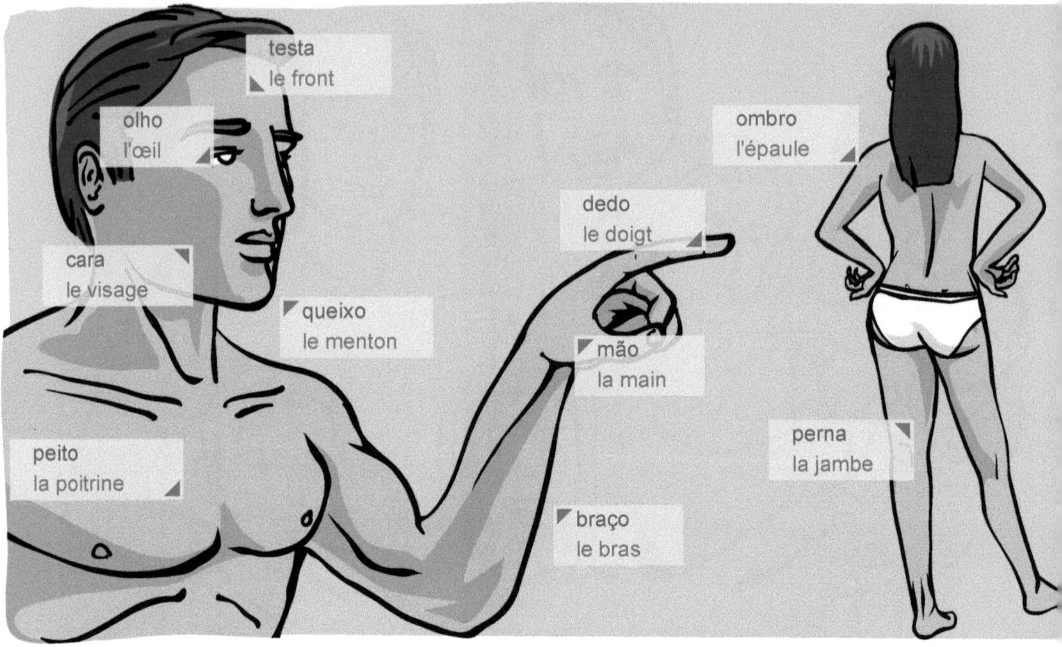

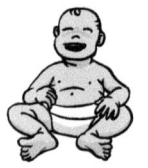

bebé
le bébé

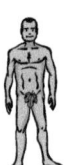

homem
l'homme

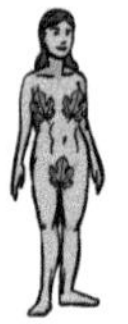

mulher
la femme

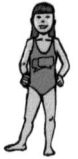

menina
la fille

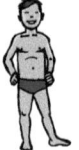

menino
le garçon

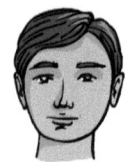

cabeça
la tête

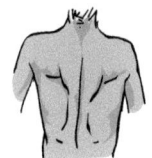

costas

le dos

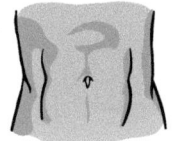

barriga

le ventre

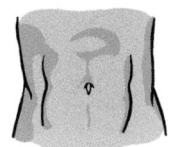

umbigo

le nombril

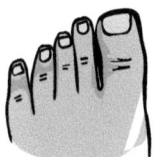

dedo do pé

l'orteil

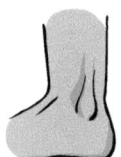

calcanhar

le talon

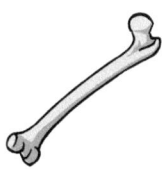

osso

l'os

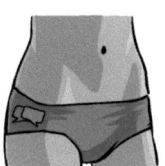

anca

la hanche

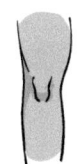

joelho

le genou

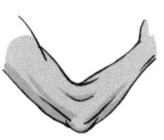

cotovelo

le coude

nariz

le nez

nádegas

les fesses

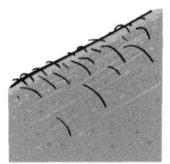

pele

la peau

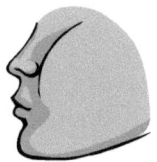

bochecha

la joue

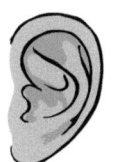

orelha

l'oreille

lábio

la lèvre

boca

la bouche

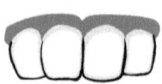

dente

la dent

língua

la langue

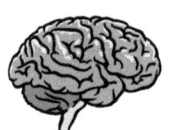

cérebro

le cerveau

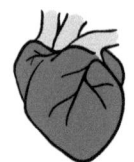

coração

le cœur

músculo

le muscle

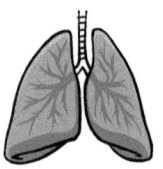

pulmão

les poumons

fígado

le foie

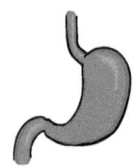

estômago

l'estomac

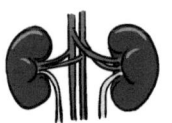

rins

les reins

relações sexuais

le rapport sexuel

preservativo

le préservatif

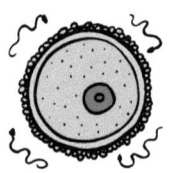

óvulo

l'ovule

esperma

le sperme

gravidez

la grossesse

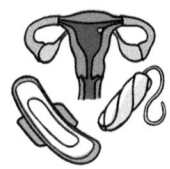

menstruação

la menstruation

vagina

le vagin

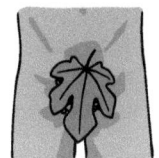

pénis

le pénis

sobrancelha

le sourcil

cabelo

les cheveux

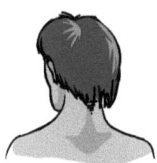

pescoço

le cou

# hospital
# l'hôpital

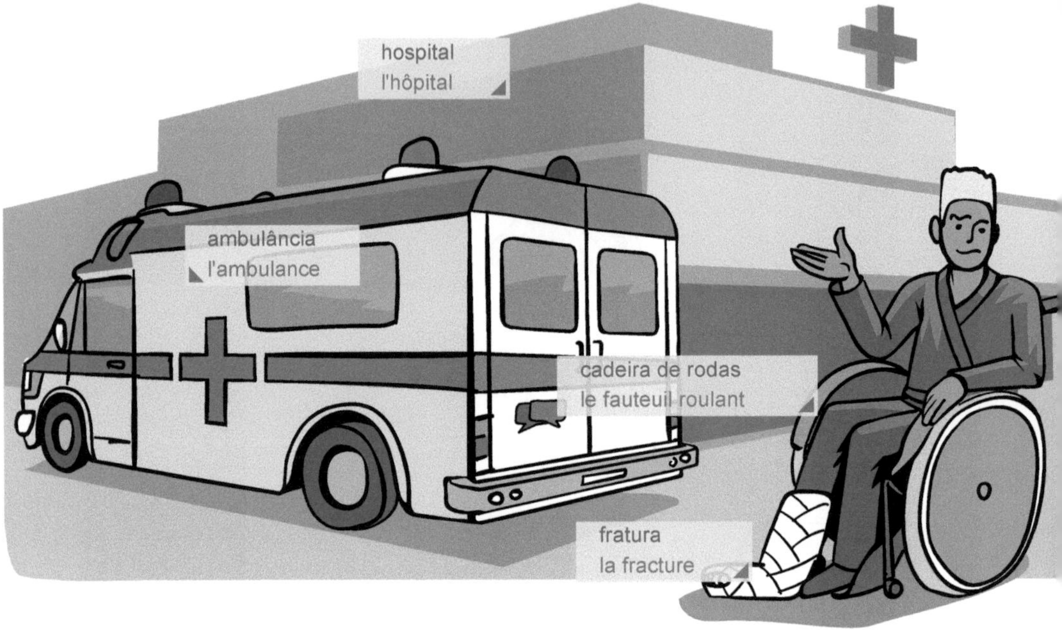

hospital
l'hôpital
ambulância
l'ambulance
cadeira de rodas
le fauteuil roulant
fratura
la fracture

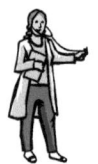

médico

le médecin

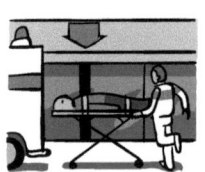

serviço de urgências

le service des urgences

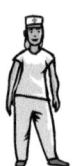

enfermeira

l'infirmière

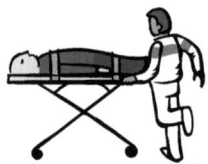

emergência

l'urgence

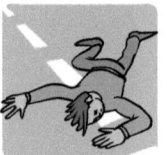

inconsciente

inconscient

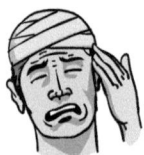

dor

la douleur

ferimento

la blessure

hemorragia

l'hémorragie

ataque cardíaco

la crise cardiaque

acidente vascular cerebral

l'attaque cérébrale

alergia

l'allergie

tosse

la toux

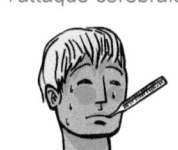

febre

la fièvre

gripe

la grippe

diarreia

la diarrhée

dor de cabeça

le mal de tête

cancro

le cancer

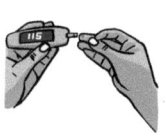

diabetes

le diabète

cirurgião

le chirurgien

bisturi

le scalpel

operação

l'opération

CT

le CT

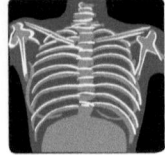

raio x

la radiographie

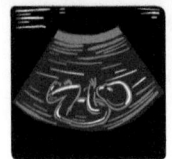

ultrassom

l'échographie

máscara

le masque

doença

la maladie

sala de espera

la salle d'attente

muleta

la béquille

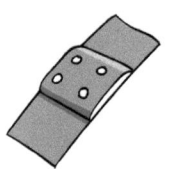

penso rápido

le pansement

ligadura

le pansement

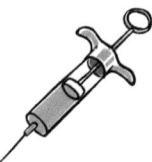

injeção

l'injection

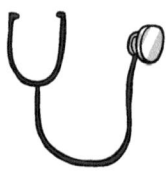

estetoscópio

le stéthoscope

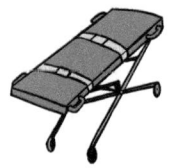

maca

le brancard

termómetro

le thermomètre

nascimento

l'accouchement

excesso de peso

la surcharge pondérale

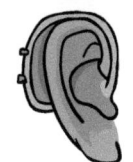

aparelho auditivo

l'appareil auditif

desinfetante

le désinfectant

infeção

l'infection

vírus

le virus

HIV / SIDA

le VIH / le sida

medicamento

le médicament

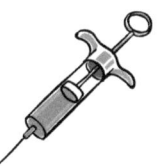

vacinação

la vaccination

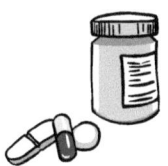

comprimidos

les comprimés

pílula

la pilule

chamada de emergência

l'appel d'urgence

dispositivo de medição de
pressão arterial

le tensiomètre

doente / saudável

malade / sain

Socorro!

Au secours !

alarme

l'alarme

assalto

l'assaut

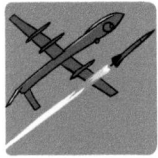

ataque

l'attaque

perigo

le danger

saída de emergência

la sortie de secours

Fogo!

Au feu!

extintor de incêndios

l'extincteur

acidente

l'accident

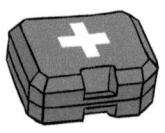

estojo de primeiros socorros

la trousse de premier secours

SOS

SOS

polícia

la police

Europa

l'Europe

América do Norte

l'Amérique du Nord

América do Sul

l'Amérique du Sud

África

l'Afrique

Ásia

l'Asie

Austrália

l'Australie

Atlântico

l'Océan atlantique

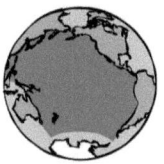

Pacífico

l'Océan pacifique

Oceano Índico

l'Océan indien

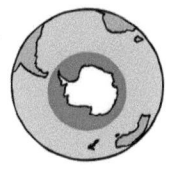

Oceano Antártico

l'Océan antarctique

Oceano Ártico

l'Océan arctique

Polo Norte

le Pôle nord

Polo Sul

le Pôle sud

Antártica

l'Antarctique

terra

la terre

país

le pays

mar

la mer

ilha

l'île

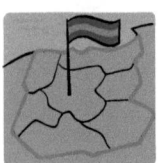

nação

la nation

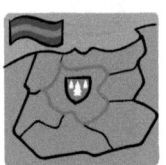

estado

l'état

mostrador do relógio

le cadran

ponteiro das horas

l'aiguille des heures

ponteiro dos minutos

l'aiguille des minutes

ponteiro dos segundos

l'aiguille des secondes

Que horas são?

Quelle heure est-il ?

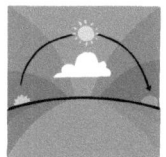

dia

le jour

tempo

le temps

agora

maintenant

relógio digital

la montre digitale

minuto

la minute

hora

l'heure

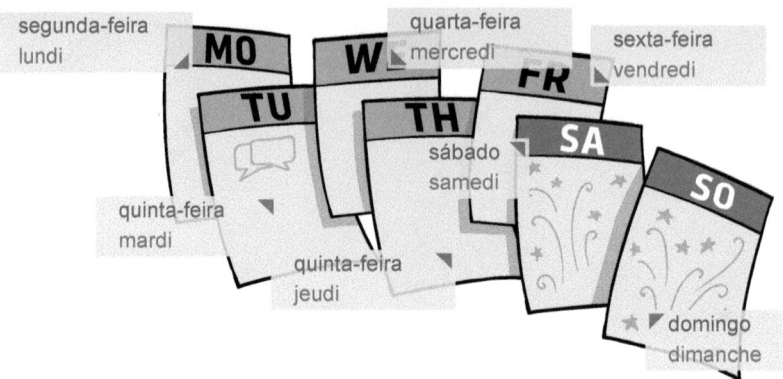

segunda-feira
lundi

quarta-feira
mercredi

sexta-feira
vendredi

quinta-feira
mardi

quinta-feira
jeudi

sábado
samedi

domingo
dimanche

ontem

hier

hoje

aujourd'hui

amanhã

demain

manhã

le matin

meio-dia

le midi

entardecer

le soir

dias úteis

les jours ouvrables

fim de semana

le week-end

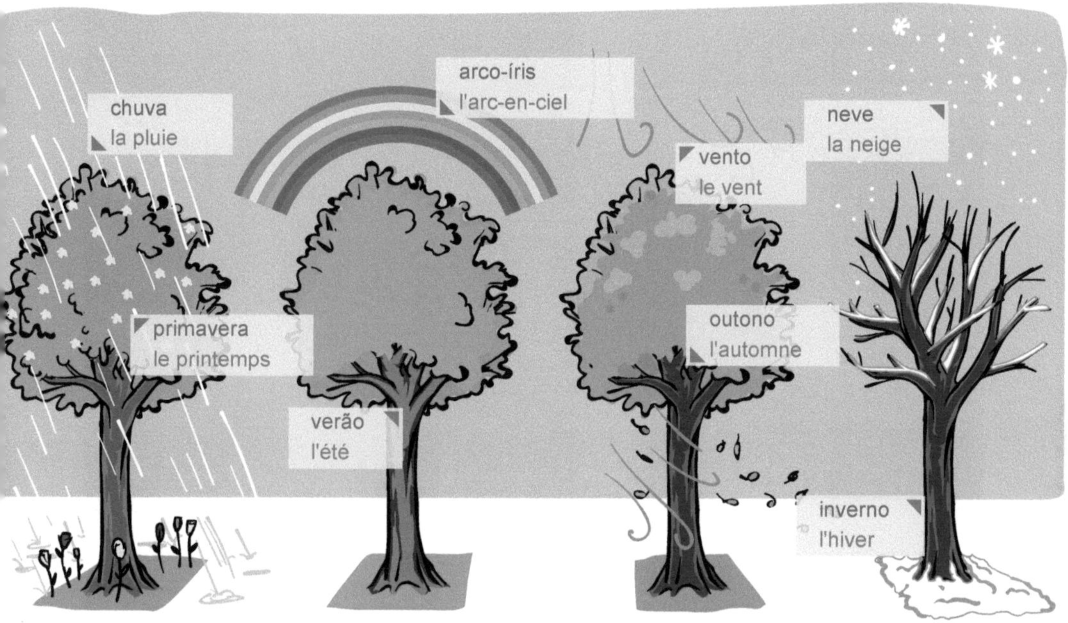

chuva
la pluie
arco-íris
l'arc-en-ciel
neve
la neige
vento
le vent
primavera
le printemps
outono
l'automne
verão
l'été
inverno
l'hiver


4.APRIL 11°
5.APRIL 4°
6.APRIL 13°
7.APRIL 8°
8.APRIL 10°


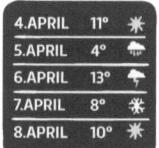

previsão do tempo

la météo

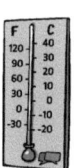

termómetro

le thermomètre

raios de sol

la lumière du soleil

nuvem

le nuage

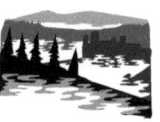

neblina / nevoeiro

le brouillard

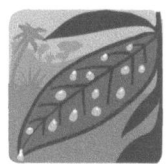

humidade do ar

l'humidité

relâmpago

la foudre

trovão

la tonnerre

tempestade

la tempête

granizo

la grêle

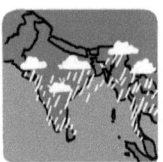

monção

la mousson

inundação

l'inondation

gelo

la glace

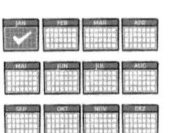

janeiro

janvier

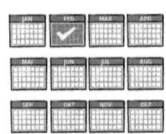

fevereiro

février

março

mars

abril

avril

maio

mai

junho

juin

julho

juillet

agosto

août

ano - l'année

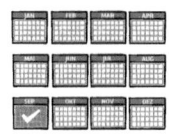

setembro
................
septembre

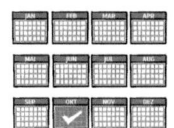

outubro
................
octobre

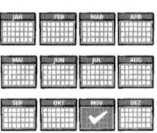

novembro
................
novembre

dezembro
................
décembre

## formas
## les formes

círculo
................
le cercle

quadrado
................
le carré

retângulo
................
le rectangle

triângulo
................
le triangle

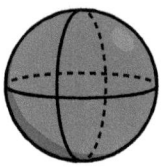

esfera
................
la sphère

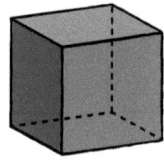

cubo
................
le cube

branco

blanc

amarelo

jaune

laranja

orange

rosa

rose

vermelho

rouge

lilás

violet

azul

bleu

verde

vert

castanho

marron

cinzento

gris

preto

noir

muito / pouco

beaucoup / peu

furioso / calmo

fâché / calme

lindo / feio

joli / laid

princípio / fim

le début / la fin

grande / pequeno

grand / petit

claro / escuro

clair / obscure

irmão / irmã

frère / soeur

limpo / sujo

propre / sale

completo / incompleto

complet / incomplet

dia / noite

le jour / la nuit

morto / vivo

mort / vivant

largo / estreito

large / étroit

comestível / não comestível

comestible / incomestible

mau / gentil

méchant / gentil

entusiasmado / entediado

excité / ennuyé

gordo / magro

gros / mince

primeiro / último

le premier / le dernier

amigo / inimigo

l'ami / l'ennemi

cheio / vazio

plein / vide

duro / macio

dur / souple

pesado / leve

lourd / léger

fome / sede

faim / soif

doente / saudável

malade / sain

ilegal / legal

illégal / légal

inteligente / burro

intelligent / stupide

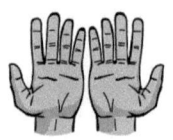

esquerda / direita

gauche / droite

perto / longe

proche / loin

novo / usado

nouveau / usé

nada / algo

rien / quelque chose

velho / jovem

vieux / jeune

ligado / desligado

marche / arrêt

aberto / fechado

ouvert / fermé

baixo / alto

faible / fort

rico / pobre

riche / pauvre

certo / errado

correct / incorrect

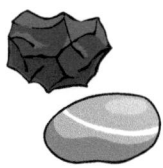

áspero / liso

rugueux / lisse

triste / feliz

triste / heureux

curto / longo

court / long

lento / rápido

lent / rapide

molhado / seco

mouillé / sec

ameno / fresco

chaud / froid

guerra / paz

la guerre / la paix

**0**

zero

zéro

**1**

um

un / une

**2**

dois

deux

**3**

três

trois

**4**

quatro

quatre

**5**

cinco

cinq

**6**

seis

six

**7**

sete

sept

**8**

oito

huit

**9**

nove

neuf

**10**

dez

dix

**11**

onze

onze

**12**

doze
douze

**13**

treze
treize

**14**

catorze
quatorze

**15**

quinze
quinze

**16**

dezasseis
seize

**17**

dezassete
dix-sept

**18**

dezoito
dix-huit

**19**

dezanove
dix-neuf

**20**

vinte
vingt

**100**

cem
cent

**1.000**

mil
mille

**1.000.000**

milhão
le million

inglês

l'anglais

inglês americano

l'anglais américain

chinês mandarim

le chinois mandarin

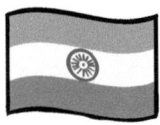

hindi

le hindi

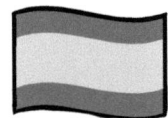

espanhol

l'espagnol

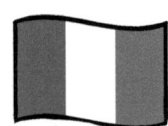

francês

le français

árabe

l'arabe

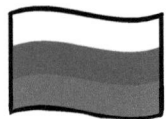

russo

le russe

português

le portugais

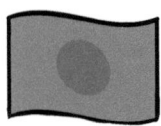

bengalês

le bengali

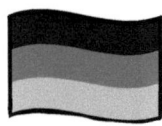

alemão

l'allemand

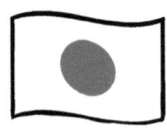

japonês

le japonais

eu
je

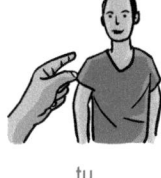

tu
tu

ele / ela
il / elle / ce, c', cela

nós
nous

vós
vous

eles / elas
ils / elles

quem?
Qui ?

o quê?
Quoi ?

como?
Comment ?

onde?
Où ?

quando?
Quand ?

nome
le nom

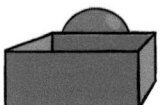

atrás

derrière

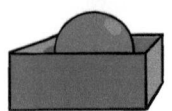

em

dans

à frente de

devant

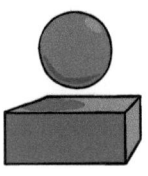

sobre

au-dessus

em cima

sur

debaixo

en-dessous

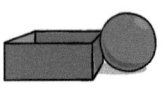

ao lado

à côté de

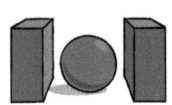

entre

entre

lugar

le lieu